Selim, der Neue

Eine Geschichte über Selim
und die Klasse 3b

erzählt von
Ursel Scheffler

illustriert von
Jutta Timm

Der Neue

Es ist ein heißer Tag im Mai.

Die Fenster zum Schulhof stehen offen.

Eine Amsel singt im Kastanienbaum.

Die 3b rechnet. Die Köpfe qualmen.

Da geht die Tür auf. Wie auf Kommando drehen sich alle neugierig um. Frau Waxmann, die Schulleiterin, kommt herein. Sie bringt einen dunkelhaarigen Jungen mit. Sie wendet sich an die Klasse und sagt: „Das ist der Neue. Er heißt Selim und kommt aus der Türkei. Seid nett zu ihm!"

Zwei dunkle Augen starren ängstlich auf die vielen fremden Gesichter. Muli, der immer Quatsch macht, mustert den Neuen kritisch. Er sieht auf die abgetragene Hose, das verwaschene T-Shirt und sagt: „So neu sieht der gar nicht aus!"

Alle lachen.

Glücklicherweise hat es Frau Waxmann nicht verstanden. Sie unterhält sich mit dem jungen Klassenlehrer und sagt schließlich: „Sie kümmern sich um den Jungen, Herr Engelmann?" Engelmann heißt bei den Kindern natürlich nur Engel. Der Spitzname paßt, weil er halblanges blondes Haar hat.

Als Frau Waxmann draußen ist, weist Engel dem Neuen einen Platz zu. „Dort neben Julia ist noch frei!" sagt er.

3

Alle drehen sich um. Sie sehen, wie der Neue zögernd
auf den Tisch neben dem Fenster zugeht. Julia mustert
ihn neugierig. Muli beobachtet das. Er grinst und sagt:
„Julia mag lieber Blonde. So mit halblangem Haar …"
Allgemeines Kichern folgt der Bemerkung. Alle wissen,
was gemeint ist. Julia schwärmt für den jungen Klassenlehrer.

4

„Ruhe!" sagt Engel und überhört die Anspielung. „Rechnet bitte weiter! Was ihr nicht schafft, ist Hausaufgabe!" Und zu Selim sagt er: „Kannst du mich verstehen?"

Selim nickt.

„Kannst du auch antworten?"

Selim schüttelt den Kopf.

„Es wird eine Weile dauern, bis du dich bei uns wohlfühlst. Ich werde mir Mühe geben, deutlich zu sprechen, damit du mich verstehst, ja?"

Selim schnürt es die Kehle zusammen. Selbst wenn er fließend Deutsch könnte, brächte er jetzt keinen Ton heraus. Alles ist neu und fremd. Die vielen Kinder. Die neugierigen Blicke. Die fremde Sprache. Die Angst, sich lächerlich zu machen. Er setzt sich und packt ein Heft und Stifte aus.

Engel geht zum Pult und holt ein Mathe-Buch. Er zeigt Selim, was sie gerade machen. „Verstehst du das? Willst du es probieren?"

Selim starrt auf die Zahlen. Er zuckt mit den Schultern und sieht den Lehrer unsicher an.

„Nur Mut!" sagt Engel. „Deutsche Zahlen sind glücklicherweise genau wie türkische Zahlen, nicht wahr?"

Selim starrt in das Buch. Dann nimmt er den Stift und beginnt zaghaft zu rechnen.

Endlich klingelt es zur Pause. Alle stürmen hinaus. Selim bleibt allein zurück. Engel geht auf ihn zu und sagt: „Aller Anfang ist schwer! Aber du wirst sehen, bald verstehen sie dich. Bald bist du ihr Freund."

Wieder nickt Selim stumm. Er hört, was der Lehrer sagt.
Aber er glaubt es nicht.

Der Schultag scheint kein Ende zu nehmen. Immer wieder sieht Selim auf die Uhr. In der letzten Stunde ist Kunstunterricht.

„Jetzt kommt der Maulwurf!" sagt Muli und gibt zur Gaudi aller wieder eine Vorstellung. Er zieht eine Grimasse, schnüffelt mit hochgezogener Nase und paddelt mit beiden Händen. „Maulwurf! Buddel, buddel, schnief, schnief, verstehn?"

Selim starrt auf seine Fußspitzen. Er weiß nicht, was ein Maulwurf ist. Er weiß auch nicht, daß der Kunstlehrer Herr Maulberg heißt und den Spitznamen „Maulwurf" hat. Daher versteht er nicht, was an Mulis Gehampel komisch ist. Er fühlt sich selbst auf den Arm genommen.

Immer wenn die anderen lachen, denkt Selim, sie lachen über ihn und darüber, daß er nichts weiß. Selim macht ein mürrisches verschlossenes Gesicht.

Muli macht eine abwertende Handbewegung und sagt: „Ach, du bist doof! Ich geb's auf!"

Das allerdings versteht Selim. Er dreht sich um und geht stumm auf seinen Platz.

Da kommt der Maulwurf. Er ist kurzsichtig und trägt eine dickrandige Brille. Außerdem hat er eine ziemlich platte Stupsnase. Er macht wirklich seinem Spitznamen alle Ehre. Auch in anderer Hinsicht. Er „buddelt" nämlich gern. Seit man draußen vor der Stadt die Reste einer alten Römersiedlung entdeckt hat, verbringt er dort fast jeden freien Nachmittag und hilft beim Ausgraben.

Heute hat er eine alte Vase mitgebracht, die er aus Scherben wieder zusammengesetzt hat. Dazu noch ein Tonpferd und einen blauen Topf mit Frühlingsblumen.

Jeder darf sich aussuchen, was er zeichnen möchte. Selim ist glücklich. Er malt die Blumen, das Pferd und die Vase. Er zeichnet für sein Leben gern. Auch den Mann mit der platten Nase mag er.

Herr Maulberg mag Selim auch. Er lobt sein Bild und sagt: „Ausgezeichnet!"

Selim ist erleichtert, daß er endlich einmal etwas richtig gemacht hat. Es ist so schwer, „ein Neuer" zu sein. Dazu noch einer, der die Sprache nur halb versteht. Einer, der nicht sagen kann, was er fühlt und denkt. Einer, der Mulis Witze nicht begreift. Einer, der sich überflüssig vorkommt.

Traurig macht sich Selim auf den Heimweg. Als er die steile Stiege in dem Altstadthaus hochsteigt, freut er sich, daß wenigstens seine Schwester Ayse da ist.
Vater und Mutter arbeiten. Die neue Wohnung ist teuer. So war seine Mutter froh, daß sie eine Stelle als Putzfrau gefunden hat. Vater arbeitet in einer Autowerkstatt.
„Wie war's im Kindergarten?" fragt Selim.
„Gut", sagt Ayse. „Es waren noch drei türkische Kinder da. Wir haben zusammen gespielt und haben viel Spaß gehabt. Wenn wir türkisch miteinander geredet haben, hat uns keiner verstanden."
Du hast's gut! denkt Selim. Er sagt aber nichts. Sie wärmen das Bohnengericht an, das Mutter für sie auf den Herd gestellt hat.
„Was machst du da?" fragt Ayse, als Selim rechnet.
„Hausaufgaben", sagt Selim einsilbig.
„Verstehst du das alles?" fragt Ayse mit einem bewundernden Blick auf die langen Zahlenreihen.
„Nicht alles", antwortet Selim.

Selim, die Flasche

Ungern geht Selim am nächsten Morgen zur Schule. Langsamer und immer langsamer werden seine Schritte, je näher er zum Schulhaus kommt.

Aber es nützt alles nichts. Plötzlich steht er davor und muß hinein. Neben ihm drängt sich Muli durch die Menge. Er sieht Selim gar nicht.

„Hallo, Muli!" ruft einer und klopft dem stämmigen Muli kameradschaftlich auf seine breiten Schultern. „Kommst du mit zum Fußball heute nachmittag?"

Wenn das nur einmal einer zu mir sagen würde, denkt Selim.

Die Mathestunde bringt Selim gut hinter sich. Er hat die Hausaufgaben gemacht. Bis auf eine sind alle Aufgaben richtig. Engel lobt Selim. Muli grinst und murmelt: „Selim, unser Superstar!"

Aber dann kommt die Deutschstunde. Selim versteht kaum ein Wort. Alle lesen und sprechen viel zu schnell. Selbst die Wörter, die er versteht, kann Selim nicht immer richtig schreiben. Alles hört sich anders an, als es geschrieben wird, findet er.

In der vierten Stunde ist Sport. Selim hat kein Turnzeug. Also muß er barfuß turnen, weil man in die neue Turnhalle mit Schuhen nicht hineindarf. Eine ausgeleierte Turnhose entdeckt Herr Engelmann bei den Fundsachen. Sie ist viel zu groß für Selim. Aber schließlich kann er nicht in Unterhosen turnen.

Heute ist Geräteturnen dran. Das hat Selim noch nie gemacht. In der Schule, in der er früher war, gab es keine Turnhalle. Selim hat Angst vor dem Kasten. Er nimmt dreimal einen Anlauf. Aber er traut sich nicht. Er ärgert sich darüber. Aber das nützt nichts.

„So eine Flasche!" brummt Muli. Und dann rast er los wie ein Bulle und hechtet über den Kasten. Mit stolz geschwellter Brust kommt er zurück. „So geht das", murmelt er im Vorübergehen.

Dann ist Bockspringen dran. Auch davor hat Selim Angst. Er schafft nicht mal einen Schlußsprung. Selim schießen die Tränen in die Augen.

„Heulsuse auch noch", sagt Alex, einer von Mulis Freunden. Die Mädchen sehen herüber und beobachten die Szene.

„Julia, dein Schatz weint nach dir!" ruft Muli mit sehnsüchtig verstellter Stimme.

„Seid doch nicht so gemein!" ruft Claudia. „Wenn du neu wärst, was dann?"

„Ich würd mich nicht so dämlich anstellen", sagt Muli. Er ist dran zum nächsten Sprung. Doch er erwischt den Absprung nicht richtig und macht eine Bauchlandung auf der Matte. Alle lachen.

„Geschieht ihm recht, dem Angeber", sagt Claudia.
Für Selim ist die Turnstunde die Hölle. Nichts gelingt
ihm. Ist das ein Wunder? Barfuß, mit schlotternden
Knien, in Flatterhosen? Muli hat recht, denkt Selim bit-
ter. Ich bin eine ... eine ..., aber ihm fällt das Wort nicht
mehr ein.

Der Maulwurf

Drei Wochen ist Selim nun schon in der Schule. Einen Freund hat er immer noch nicht. Er versteht die deutsche Sprache immer besser. Aber die anderen verstehen ihn immer noch nicht. Sie geben sich auch keine Mühe. Dazu sind sie viel zu sehr mit sich selbst beschäftigt.

In der Pause sieht er beim Fußballspielen zu. Wie gern würde er mitspielen. Aber er traut sich nicht.

Das einzige Fach, auf das er sich freut, ist der Kunstunterricht. Vielleicht liegt es daran, daß er mit dem „Maulwurf" am besten reden kann – durch seine Bilder.

„Du hast Talent, wirklich!" sagt der Maulwurf. Immer öfter bleibt er bei Selim stehen und unterhält sich mit ihm. Meist ist es eine recht einseitige Unterhaltung. Denn Selim hört zu und spricht wenig.

Aber eines Tages kommt der Maulwurf auf Selim zu und sagt: „Hast du Lust mitzukommen? Wir graben heute wieder draußen vor der Stadt."

„Gerne!" sagt Selim und seine Augen leuchten.

In dieser Stunde ist er mit besonderem Eifer dabei.

„Malt, was euch in der Stadt am besten gefällt", hat der

12

Maulwurf gesagt. Selim malt sein Haus. Es ist ein schmales Altstadthaus. Sie wohnen im ersten Stock und teilen sich die Etage mit einer alten Dame. Selim malt mit Hingabe die Fachwerkbalken, die Sprossenfenster und die Blumenkästen vor den Fenstern von Frau Berner. Auf dem Bild sieht man die Risse nicht, die in den Wänden sind. Man sieht nicht, daß das Regenwasser durch die Decke kommt und daß das Klo meist verstopft ist.

„Ein schönes altes Haus", sagt der Maulwurf. Er interessiert sich für alte Sachen. So unterhält er sich nach der

Stunde noch ein bißchen mit Selim. Selim beklagt sich nicht. Aber der Lehrer spürt, daß er traurig ist. Und er glaubt auch zu wissen warum. Er nimmt sich vor, mit der Klasse einmal ein ernstes Wort zu reden. Sie könnten sich wirklich ein bißchen mehr um den Jungen kümmern. Zum Abschied sagt er: „Also, dann heute nachmittag? Um drei vor dem Schulhaus?"

„Ja, ich komme!" sagt Selim.

Aber dann kommt Selim doch nicht. Ayse weint, als er weggehen will. Kann er sie allein lassen? Was wird seine Mutter sagen? Er klingelt bei Frau Berner. Vielleicht weiß sie Rat. Aber sie ist nicht zu Hause. Vermutlich ist sie beim Arzt. Der Arzt gibt ihr Spritzen für den Kreislauf. Selim geht in die Wohnung zurück.

So muß der Maulwurf allein zu seiner Ausgrabung fahren.

„Ich werde es ihm morgen erklären", seufzt Selim. Er ist unendlich traurig. Und mit Ayse mag er auch nicht spielen.

Das Unglück

Selims Eltern sind froh, daß Selim Ayse nicht allein im Haus gelassen hat.

„Sie ist noch zu klein. Wie leicht könnte ein Unglück passieren!" sagt die Mutter. Der Vater meint: „Was soll schon passieren? Außerdem kann der Junge nicht nur Ayses Kindermädchen sein!"

Die Mutter verabredet, daß Ayse am Nachmittag mit den anderen türkischen Mädchen aus dem Kindergarten spielen darf. Jetzt hat Selim ab und zu einen Nachmittag für sich. Darüber ist er froh.

Er kann auch besser seine Hausaufgaben machen, wenn ihn die kleine Schwester nicht dauernd mit ihren Fragen stört.

Aber diesmal nützt auch die Ruhe nichts. Selim zerbricht sich den Kopf über einer schwierigen Aufgabe. Er findet einfach keine Lösung. Er legt den Kopf auf die Arme und heult. Es hört ihn ja keiner! „Sie haben recht! Ich bin doof. Ich bin eine Flasche!" schimpft er und reißt die Seite aus dem Heft. Er steht auf.

Er geht in die Küche und macht sich ein Brot. Dazu

trinkt er ein Glas Sprudel. Aber davon wird er auch nicht schlauer.

Er klappt das Buch zu und rennt um den Tisch. Soll er rausgehen? Aber wozu? Da ist keiner, mit dem er spielen könnte. Nicht mal Ayse. Selbst sie wäre jetzt besser als keiner.

Es wohnen fast nur alte Leute in den alten Häusern der Innenstadt. Nichts gegen alte Leute. Die nette Frau Berner zum Beispiel: Sie hat Ayse und ihn schon ein paarmal zum Mittagessen eingeladen.

„Ich schaff es nicht alleine", hatte sie behauptet. Dabei hatte sie extra mehr gekocht. Oder sollte man glauben, daß eine alte Frau aus Versehen für sich so viel Gulasch kauft? Frau Berner war allein. So allein wie er. Aber das war auch kein Trost. Schließlich konnte man mit ihr nicht Fußball spielen oder so.

Selim starrt aus dem Fenster. Es ist warm. Aber auf der Straße spannen die Leute Regenschirme auf. Ein kurzer Sommerschauer. Selim macht das Fenster weit auf, damit die frische Regenluft hereinkann. Er mag gern, wenn es nach Regen riecht.

Er erinnert sich, wie gut es zu Hause in der Türkei nach dem Regen roch. Die frische Erde, das frische Gras. Aber hier in der Stadt? Selim schnuppert. Das riecht hier vielleicht komisch! Was ist das bloß? Es riecht, als ob etwas verbrannt sei.

Hab ich vergessen, den Ofen auszumachen? überlegt er erschrocken und läuft in die Küche. Aber der Ofen ist aus.

Selim setzt sich wieder an den Tisch. Er will es noch mal mit den Hausaufgaben probieren. Doch da befällt ihn eine seltsame Unruhe. Er geht ins Schlafzimmer und auf den Flur. Auf dem Flur riecht es stärker. Er macht die Wohnungstür auf. Im Treppenhaus wird der Brandgeruch noch schlimmer. Und außer ihm ist niemand im Haus! Das heißt – Frau Berner vielleicht?

Selim läuft an ihre Tür. Er klingelt. Es macht keiner auf. Er bückt sich und schaut durch den Briefschlitz. Da sieht er Rauch. Es reizt ihn in der Nase. Er muß husten. Frau Berner! ruft er. Aber es kommt keine Antwort. Täuscht er sich, oder war da ein leises Stöhnen?

Was mache ich nur? überlegt Selim. Er versucht, die Tür aufzudrücken. Dann fällt ihm ein, daß seine Mutter im alten Milchtopf einen Schlüssel zur Nachbarwohnung hat. „Für alle Fälle", hat Frau Berner gesagt. Jetzt ist so ein Fall!

Mit dem Schlüssel in der Hand rast Selim zu Frau Berners Flurtür zurück. Er findet vor Aufregung das Schlüsselloch nicht gleich. Erst beim dritten Versuch gelingt es ihm, die Tür zu öffnen. Qualm, der immer dichter wird, schlägt ihm entgegen. Er kommt aus der Küche. „Frau Berner!" ruft Selim. Er hört nun deutlich ein Wimmern. Es kommt aus dem Schlafzimmer. Auch dort ist schon Qualm. Frau Berner liegt auf dem Bett und stöhnt leise. „Selim", sagt sie matt. Dann verliert sie die Besinnung.

„Frau Berner! Kommen Sie! Schnell!" ruft Selim. Aber die alte Frau liegt wie leblos da. Selim faßt sie an der Hand. Er schüttelt sie an den Schultern und ruft aufgeregt: „Sie müssen aufwachen!" Aber Frau Berner wacht nicht auf.

Selim rennt in die Küche. Er will Wasser holen. Dort ist der Qualm am dichtesten. Etwas auf dem Herd muß Feuer gefangen haben.

Selim rennt ins Bad. Er füllt den Abfalleimer mit Wasser. Dann läuft er in die Küche und schüttet das Wasser auf den Herd. Aber es nützt nicht viel. Der Hustenreiz wird unerträglich.

Er läuft wieder ins Bad und bindet sich hastig ein feuchtes Handtuch vor den Mund. Jetzt kann er wieder schnaufen. Dann gießt er noch einen Eimer Wasser in die Küche. Aber er merkt, daß er den Brand nicht löschen kann.

Sein Blick fällt aufs Telefon. Die Feuerwehr! Die Nummer steht vorne auf dem Telefonbuch. 1-1-2 wählt Selim. Als sich die Feuerwehr meldet, bringt Selim kein Wort heraus.

„Hallo? Wer ist da?" fragt der Feuerwehrmann ungeduldig. Er vermutet einen falschen Alarm. Er ahnt ja nicht, daß am anderen Ende der Leitung einer ist, der Angst hat, Deutsch zu sprechen.

Da fällt Selims Blick auf die bewußtlose Frau Berner. Er muß ihr helfen, seine Zunge löst sich. Plötzlich ist alles einfach. Deutlich sagt er: „Hier ist Selim, Burgstraße 17, erster Stock. Es ist ein Feuer hier! Alte Frau in Gefahr! Schnell!"

„Wir kommen!" sagt der Feuerwehrmann und legt auf.

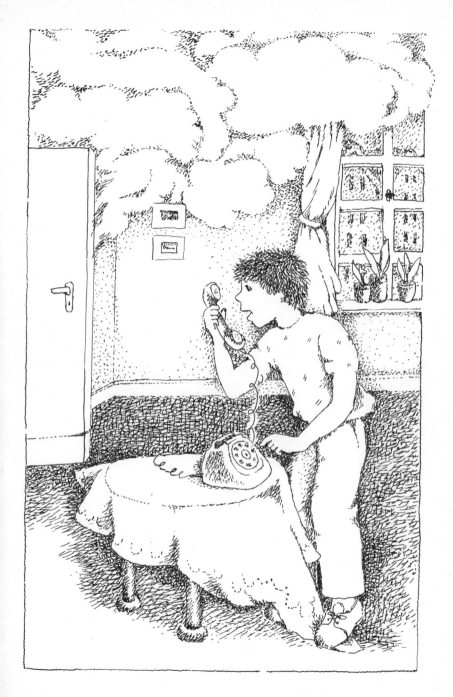

Die Rettung

Selim überlegt fieberhaft: Das Feuer kann er nicht löschen. Aber wie kann er verhindern, daß Frau Berner erstickt? Wenn er das Fenster aufmacht, zieht der Rauch erst recht ins Schlafzimmer. Er muß sie aus der Wohnung schaffen. Aber wie?
Selim sieht sich suchend um. Sie ist zu schwer für ihn. Aber wenn er sie auf den Bettvorleger brächte und über den glatten Linoleumboden hinauszöge? Vorsichtig rollt er die Frau an die Bettkante. Frau Berner stöhnt leise, als sie auf den Boden fällt. Sie ist aber immer noch nicht ganz bei sich.
Selim hustet und denkt: Hoffentlich werde ich nicht auch noch ohnmächtig. Er zieht das feuchte Tuch wieder vor Mund und Nase. Dann packt er den Teppich und zieht. Es geht schwer, und an der Türschwelle gibt es ein Problem. Aber dann schafft er es doch.
Selim zieht und zieht. Der Flur scheint kilometerlang. Endlich erreicht er die Wohnungstür. Mit letzter Anstrengung schiebt er die alte Frau über die Schwelle.

Dann schlägt er die Wohnungstür hinter sich zu. Er hat es geschafft!
Jetzt reißt er das Fenster zum Hof auf! Frische Luft! Er wirft das feuchte Tuch auf den Boden und atmet tief durch.
„Was ist?" fragt eine matte Stimme. Frau Berner kommt wieder zu sich. Selim reibt ihre Stirn mit dem feuchten Handtuch. „Es brennt", sagt er. „Feuerwehr kommt!"
Frau Berner versucht, sich aufzurichten. Selim hilft ihr. Gemeinsam versuchen sie, die Treppe hinunterzugehen. Aber dann wird Selim plötzlich ganz schwindlig. Als sie schon fast unten sind, stürzt er. Dann weiß er nichts mehr.

Als Selim wieder zu sich kommt, liegt er auf einer Bahre. Zwei Sanitäter schieben ihn in einen Unfallwagen. Er sieht draußen noch die Feuerwehrleute, die bereits auf der Leiter stehen. Die Schläuche sind angeschlossen. Die Löscharbeiten sind in vollem Gang.

Unsere Wohnung – ob unsere Wohnung auch abbrennt? denkt Selim. Der Gedanke war ihm gar nicht gekommen. Er hatte nur an Frau Berner gedacht, und daran, wie er sie so schnell wie möglich aus dem Rauch bringen konnte.

Er versucht, sich aufzurichten. Aber da ist ein stechender Schmerz in seinem Bein. Außerdem ist er auf der Bahre festgeschnallt.

„Vermutlich ist das Bein gebrochen", sagt der Sanitäter, ehe er die Tür zumacht. „Bleib so ruhig wie möglich liegen. Gleich sind wir im Krankenhaus!"

Das Unfallauto schaltet die Sirene ein und fährt los. Erst ganz langsam, weil so viel Neugierige den Verkehr aufhalten.

Selim legt den Kopf auf die Seite. Da erst entdeckt er, daß auf der anderen Seite des Wagens noch jemand liegt.

„Frau Berner?" fragt Selim.

„Oh, Selim! Wenn du nicht gewesen wärst! Danke!" antwortet Frau Berner und lächelt matt.

Nach wenigen Minuten schon sind sie im Krankenhaus. Selim wird sofort untersucht. Das Bein wird geröntgt. Es ist tatsächlich gebrochen. Selim ist vom Rauch ohnmächtig geworden und die letzten Treppenstufen hinuntergefallen. Vermutlich ist dann noch Frau Berner auf

ihn gestürzt. Genau kann es keiner sagen. Als die Sanitäter kamen, lagen sie jedenfalls beide da.
„Du mußt jetzt tapfer sein!" sagt der Arzt. Und Selim
beißt die Zähne zusammen. Als das Bein endlich wieder
eingerichtet und in Gips gelegt ist, bringt man Selim in
ein Bett. Er schläft sofort erschöpft ein. Er merkt nicht,
daß seine Eltern und Ayse schon eine Weile am Bett
sitzen. Er fühlt sich warm und geborgen. Als er die Augen
aufmacht, sieht er seine Mutter. Sie hält seine Hand.

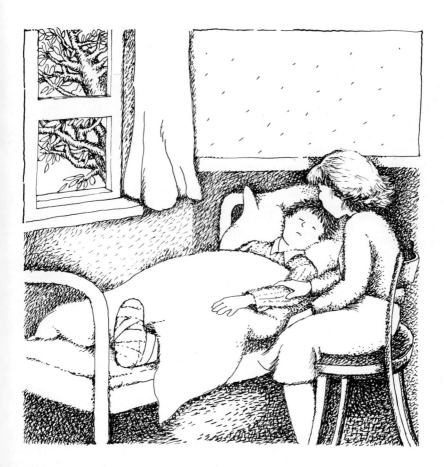

Selim, der Held

„Wo ist Selim?" erkundigt sich Maulwurf am nächsten Morgen in der ersten Stunde. Er hat vor, mit den Jungen ein vertrauliches Gespräch über den türkischen Jungen zu führen. Da ist es vielleicht gut, wenn er nicht dabei ist.

„Er steht in der Zeitung!" ruft Muli.

„Laß die albernen Witze", sagt Maulwurf verärgert.

„Doch, wirklich", sagt Muli. „Mir glaubt immer keiner!" Und dann bringt er dem Lehrer die Zeitung. Auf der fünften Seite im Lokalteil ist ein großer Bericht.

„Türkischer Junge rettet alte Frau aus brennendem Haus" heißt die Überschrift.

Erst leise und dann laut liest der Maulwurf den Artikel.

Der Reporter schildert, wie der Junge den Rauch entdeckt, sich Zugang zu der Wohnung der alten Frau verschafft hat und sie dann vor dem sicheren Erstickungstod gerettet hat. Alle Schüler, auch die, die es schon gelesen haben, hören mit Spannung zu.

„Mannomann", murmelt Muli. „Und ich hab gedacht, er ist 'ne Flasche!"

„Was heißt gedacht – gesagt hast du's! Und zwar überdeutlich!" ruft Claudia.

Das ist der Anlaß für den Maulwurf, mit der Klasse offen über alles zu sprechen. „Er hat sich nicht über euch beklagt", sagt Maulwurf. „Aber ich hab aus seinen Worten gespürt, daß er unglücklich ist, daß er sich nicht wohlfühlt."

„Wir haben ihn gar nicht beachtet", sagt Alex.

„Wir haben ihn ausgelacht", sagt Julia.

„Er hat manches so komisch ausgesprochen, da mußten wir einfach lachen", sagt Alex.

„Gemein war's, wie ihr ihn in der ersten Turnstunde behandelt habt", erinnert sich Claudia.

„Er sah auch zu komisch aus in den schwarzen Windhosen", sagt Muli. „Aber es war gemein. Ich seh es ein."

Sie reden noch eine ganze Weile über Selim. Sie reden darüber, wie man es wieder gut machen kann.

„Ich werde ihn morgen im Krankenhaus besuchen", sagt Muli.

„Ich komme mit!" sagt Julia.

Selim hat gerade sein Mittagessen bekommen. Er macht die Augen zu und will wieder ein bißchen vor sich hindösen. Das Bein macht ihm ziemlich zu schaffen, und er hat die ganze Nacht kaum geschlafen.

Da geht die Tür einen Spalt auf. Er traut seinen Augen nicht, als sich eine wohlbekannte Nase hereinschiebt und dahinter der ganze kernige Kerl.

„Muli!" sagt Selim überrascht. Und dann erkennt er dahinter noch jemanden. „... und Julia!"

Zögernd, weil sie die Krankenhausluft befangen macht, nähern sie sich dem Bett. Muli hat einen Blumenstrauß hinter dem Rücken. Julia hat eine Tüte mit Obst dabei.

„Vitamine, damit du schnell wieder gesund wirst", sagt sie.

„Und viele Grüße von allen. Wir sind stolz auf dich", sagt Muli. „In der Zeitung steht, daß du ein Held bist. Und ich finde, du bist ... na ja, du bist in Ordnung", sagt Muli verlegen.

Selim lächelt matt. Sein Bein schmerzt, aber sein Herz nicht mehr.

„Nett, daß ihr gekommt seid", sagt Selim ein bißchen verlegen.

„Mann, du kannst ja schon ganz gut deutsch sprechen", findet Muli.

„Bißchen schon", sagt Selim. „Aber ich machen viele Fehler."

„Das macht doch nichts", antwortet Muli. „Wir machen alle Fehler. – Sehr viele Fehler", setzt er nach einem kleinen Zögern hinzu.

„Unser Fehler war viel schlimmer. Ich glaube, wir waren nicht sehr nett zu dir", meint Julia.

Selim lächelt unsicher. „Danke!" bringt er nur heraus.

„Morgen kommen wir wieder. Wir oder einer von den anderen. Wir bringen dir die Hausaufgaben. Und erzählen, was in der Schule so passiert ist, einverstanden?"

„Und viele Grüße vom Maulwurf", sagt Julia. „Das hätten wir fast vergessen."

„Buddel, buddel, schnief, schnief", sagt Selim, und Muli lächelt verlegen.

„Ach ja, und da haben wir noch was", fällt Muli ein. „Es ist ein Geschenk von der ganzen Klasse. Aber mach es erst auf, wenn wir weg sind, ja?"

Selim nimmt überrascht das Paket entgegen. Es ist so groß wie ein Schuhkarton. Was mag da bloß drin sein?

„Das, was da drin ist, hilft dir über den Kasten", sagt Muli.

Selim versteht nicht, was er meint, und sieht ihn fragend an.

„Schon gut", meint Muli. „Du wirst es gleich wissen. Und es tut mir leid ... du weißt schon ..."

Als die beiden draußen sind, weiß Selim nicht, ob er lachen oder heulen soll. Dann entschließt er sich, erst mal das Paket aufzumachen.

Und dann muß er lachen. In dem Paket sind Turnschuhe. Nagelneue Turnschuhe.

Jetzt weiß Selim, daß er nicht nur den Kasten, sondern auch andere Hindernisse überwinden wird, wenn er erst wieder gesund ist.

Da klingelt das Telefon neben seinem Bett. Es ist Frau Berner. Sie bedankt sich tausendmal. Und er soll sich was wünschen. „Was wünschen?" sagt Selim.

Und es fällt ihm nichts ein, weil er in diesem Augenblick wunschlos glücklich ist.

Inhalt: